JN438252

가련봉까지는 가야 한다

시와문화의 시집 028

가련봉까지는 가야 한다

조성식 시집

시와문화

■시인의 말

뱃속에 담아두었던 언어들을
아름다운 시어로 조탁하지 않고
토해내는 것은
내 알몸을, 내 속살을
부끄러운 치부를
세상 밖으로 환히 드러내는 것이다.
장미꽃이거나 양귀비꽃처럼
향기롭거나 화려하지 않은
그저 소소한 빛바랜 피사체에 담긴 얘기들을
두렵고 떨리는
낮고 낮은 풀꽃 같은 마음으로
지구 한 구석에 소롯이 내려놓는다.

2018년 6월
조성식

|차 례|

■시인의 말

제1부 포구의 붉은 노을

제2부 따뜻한 등불 하나

제3부 넉넉한 그리움 한 솥

제4부 그리움의 뼈가 저려온다

제1부

포구의 붉은 노을

매화

차가운 별빛, 서릿발처럼 쏟아 붓는
백운산 기슭에서 그녀를 만났다

진종일 몸 얼렸다 녹였다
물새처럼 매일매일 삶을 자맥질하는 여인

망덕 포구에서 벚굴 익어간다는 소식을
생솔가지에 띄워 보내온다

소소리바람이 꽃망울 핥고 섬진강 건너
천왕봉 하얀 잔설을 만날 때쯤

그녀는 치마를 한 뼘 한 뼘 올리더니
하얀 허벅지를 드러내고

벚꽃 숭어리처럼 부푼 내 마음만
포구의 노을에 붉게 물들고 있었다

냉이무침

냉이무침이 저녁 밥상에 다소곳이 앉아 있다

눈보라 속 함께 걸어온 논둑과 밭둑,

그곳에 메마른 전잎 두어 장 깔고 자란 냉이

여린 몸으로 허기진 어머니의 밥상을 품어주었다

아내의 손끝에서 되살아난 쌉쌀한 손맛

입속 가득 냉이 꽃으로 피어나고 있다

민들레 홀씨

시골 교회당에서 만났던
민들레 홀씨

먼 길 떠나와
으슥한 옹벽 밑 콘크리트 벽돌 사이
틈 하나 열고 앉아
오가는 사람 그 사랑 전하는
민들레 홀씨

꽃빛 기도

일 년, 단 한 번이라도
손 먼저 내밀어
뜨겁게 끌어안아보라는
5월
일림산 철쭉

다소곳이 무릎 꿇어
꽃빛 물든 손 모은다

봄볕

봄볕이 설렘 한 사발 들고
거실까지 찾아와
늘보원숭이처럼 어슬렁어슬렁 거리는
내 맘을 두드린다
뒷짐 지고 마지못해
슬금슬금 따라나선 공원엔
병아리 같은 샛노란 아이들이 뛰놀고
목련꽃 향기에 취해버린 연인은
나무 밑 돗자리 하나
풍경처럼 덩그렇게 펼쳐놓고
흰 구름 한 장 살포시 가린 채
팔베개 드리우고 누워있다
호수를 바라보던 목련꽃봉오리 속에서
솔솔 초해스님의 봄 내음이 난다
몇 년 전 화엄사 범음료(梵音療)* 툇마루에 앉아
흰 찻잔 속, 풍경소리 봄볕에 스민
목련차 한 잔 건네주시던
그 희디 흰 손과 평온한 낯빛이
목련꽃봉오리 속에서 피어오른다

*범음료(梵音療): 천상의 부처님 소리, 대학생(승려)들에게 강의 했던 곳

젖 냄새

갓난아이의 해맑은 웃음처럼
벚꽃 소롯이 피어날 때면
어머니가 그립습니다
팔순 넘기시고도
마을 앞 전나무처럼 팔팔하여
오랜 세월 정정하실 것 같은 어머니
갓밝이 봄비 속,
그림 한 폭 수놓지 않은 하얀 새 옷 입고
삯 없는 꽃비 타고 아무 말 없이
천성을 향해 떠나시던 날
때까치 한 마리 벚나무 가지에 앉아
사모곡을 불었습니다
어머니의 소박한 눈 닮은 벚꽃도
피었다 지겠지만 이렇게 피었다 질 때마다
골목길 뛰놀다 해질녘 마당 끝에서
'엄마' 하고 부르면
부엌에서 뛰쳐나와
'아이고 내 새끼' 하시며
엉덩이 토닥거리며 안아주시던
어머니의 그 젖 냄새가 그립습니다

숲속 사랑앓이

불갑산 오르는 길섶
아까시나무 꽃망울 터지자
기다렸다는 듯
벌떼의 정분 맺는 사랑 노래가
심장에 마중물 넣은 듯
새 피 솟아오른다
온몸 싸고 도는 혈관 같은 길 따라
연실봉에 오르니 숨소리 거칠다
숨 고르고 잠시 사방을 둘레 보니
갈맷빛 능선으로 흘러내리는
소나무 숲에서는
초경 터지듯 뽑아 올리는
송홧가루의 숲속 사랑앓이가
유성처럼 쏟아진다

택시기사 가라사대

꼬리에 꼬리를 물고
간이역 멈춰 선 열차처럼
긴 꼬리 드리우고
승객 기다리며
삼삼오오 짝지어 왁자지껄
톡톡 튕겨져 나오는 소리

우리네 등 굽은 살림살이
짱뚱어처럼 이리 뛰고 저리 뛰고
밤늦도록 뛰어다녀도
하루하루 사납금도 버거운데
자식 놈, 등록금 벼락에
겨우 한 숨 고르려니
공공요금 조기처럼 엮어 오른다
허허, 우짜꼬 짜꼬 꼬

차창 밖에는

평택행 고속버스는
산들바람 타고 가고
차창 밖 오월 숲
갈맷빛 은빛 춤을 춘다

부모 마음 가득 담은
친구 딸 주례사
곱게 접어 속주머니에 넣어두고
두 손 모으고 눈 감는다

논산평야, 물 살짝 고인 논은
논둑에 안기어 졸고
땅기운 받은 벼
살랑거리며 웃는다

다정한 백로 한 쌍
고운 깃털 세우고
두 팔 벌려 힘차게 나는 모습
참 평화롭다

이런 일이

철쭉 봉오리
입술 소롯이 여미는 봄
딱 한 송이
주머니 속 며칠 두었다가

너 뿐이라고 말하던 날 밤
그 입술엔
분홍 꽃 지고
진분홍 꽃이 피었다

딱 한 번 피었다진
그 자리엔
철쭉꽃은 피었다 지지만
진분홍 꽃은 피어나지 않았다

화장대 한 귀퉁이에
기대에 서서
그녀를 흠모할 뿐
말없는 해바라기가 되었다

어느 날 밤
그 언니 입술에
진분홍 꽃이 활짝 피어있었다
이런 일이

호접란

빽빽했던 검은 머리
뽑힌 자리에
듬성듬성 날리는
하얀 줄기 몇 가닥

팽팽했던 눈가
흐르는 물길은
인생 고비마다
깊은 골 이루고

고왔던 얼굴
선비탈 속에
세월의 꽃들이
길 밝히며

잡을 수 없는 시간
머물고 간 자리
호접란 한 송이
아름답게 날고 있다

너럭바위

묵혀두었던 논밭
누렁 소 한 마리 앞세워
쟁기 부려가는 농사꾼

곁두리 막걸리 한 잔
꿀꺽꿀꺽 넘기시고
너털웃음 짓는 소박한 미소

나 죽거들랑
이 몸 불태워 금수강산에 뿌리고
봉분 없는 무덤엔
작은 비문만 남겨라

사자바위 끝자락 봉수대
부엉이 한 마리
너럭바위*에서 날아올라
봉화를 밝히고 있다

*너럭바위: 고 노무현 대통령 묘의 봉분에 놓인 바위, 지하의 안장시설을 덮고 있는 남방식 고인돌 형태의 낮은 바위

밥 한 그릇

할아버지 밥상에만
간간이 오르내렸던 흰 쌀밥

아버지 헛기침 소리에
훔쳐보던 눈이 멈칫거린다

꽁보리보다 조가 더 많은 밥을
묵묵히 씹고 있노라면

할아버지, 다 드셨다며 남겨주시던
그 하얀 쌀밥

이팝꽃 속에서
갓 지어 올린 따스한 밥 한 그릇

김 모락모락 피어오른다
할아버지가 두고 가신 밥 한 그릇

봄비 그치고

땅 속에 드리운
겨자씨보다 작은 씨
봄비 내리면 맥 트이고

봄비 그치고
소롯이 두 손 들어
갓난아이의 새파란 웃음 머금은

무릎 꿇어 엎드려
입맞춤하지 않고서는
들을 수 없는 소리

입춘날

문틈 사이로
그녀가 빼꼼히 인사를 건넨다

지리산 계곡, 북방산 개구리
냉수에 몸 씻고 복수초를 본다

하얀 눈 덮고 세찬 눈보라를
온몸으로 막아선다

지구 한 귀퉁이, 동백꽃으로 환해지겠다

산불

일림산 봉우리에서는 봄마다 불꽃 터뜨린다

–어찌할거나,
산은 불꽃으로 가득 차 있어
차마
눈 뜨고 볼 수도
숨 쉴 수도 없구나

–불이야
목 터져라 부르짖지도 못한 채
능선 따라 타오르는 불꽃을 보며
그저 발만 동동거린다

이처럼 뜨거운 불 속
단 한 번이라도
화들짝 웃으며 걸어본 적 있었던가

제2부

따뜻한 등불 하나

소라게

돌아오는 길
형수가 싸주신 아이스박스를 열어보니
소라가 뭍으로 나와
바다를 머금은 채
명절 피로에 지친 아낙처럼 엎드려있다

저녁상에 올라온 소라는
어머니께서 갯가에 나갔다 오시는 날
가끔씩 밥상에 올라왔던
그 소라를 닮았다

딱딱한 껍질 속 자라목 같은 소라를
나사못 되돌려 빼듯
빼내 주시던 어머니처럼 그렇게
딸에게 빼내어 준다

갯내음새가 온 몸에 스며든다

바다는 일찍이 어머니의 논밭이었으며
친정집 같은 곳

소떼들이 찾는 풀밭 같은 곳이었다
나 또한 소라껍질 속
뛰뛰며 노니는 한 마리 소라게였으리

벽화

콘크리트 벽에 납작 붙어 있다

곰팡이와 이끼들 사이로 흘러내린 빗물이 침 자국처럼 얼룩져 있다

내 젊은 날의 흔적이 빛바랜 사진처럼 걸려 있는 것이다

문득, 누워있는 병상에서 묵묵히 손 잡아주었던 당신이 나를 감아올리고 있다

흘러내린 눈물이 뜨거운 흔적으로 남았다

얼키설키 엉긴 메마른 담쟁이덩굴에도 봄물이 돌고

5월의 마른 잎 사이로 초록 잎들이 벽을 부풀려 놓았다

담쟁이와 나는 그 평온한 벽에 기대어

풋풋했던 추억 한 폭 그리고 있다

핏빛 너울꽃

바람과 시간도 삼복더위 피하여 찾아든
백운산 어치계곡, 그늘이
먼저 목 좋은 곳, 자리 깔고 앉아 반긴다
물은 하얀 물잎새를 물고
돌무덤들 같은 바위들을 옮겨보려 하지만,
흩어졌다 또 다시 일어섰다
쉼 없이 부딪치고 스러지면서도
먼 산골짜기, 한적한 한 귀퉁이에 눌러앉지 않고
섬진강을 향해 흘러가는 것은
핏빛 너울꽃으로 피어나
남해 까치놀 속 한 우주로 잦아들기 때문이리

참선바위

지리산 칠불계곡에 앉아 있는
저 바위는
모든 것을 비웠을 터인데
그늘 한 점 없는 땡볕을
맨살로 안으며
계곡물 허리춤에 드리우고
가부좌 틀고 앉아
오늘도 참선 중이다
행여나 하는 생각에
지나가는 계곡물이
옆구리를 건드려도 보고
검은 잠자리, 머리에 내려앉아
애교 섞인 몸짓에도
눈썹 하나 끄떡하지 않는 목석같은
참선바위가 되었으면

불일암에서

사람 발소리, 목탁 소리도
들리지 않는 평일 오후
불일암 앞마당 대나무 평상에
나는 와불처럼 누웠다

암자를 지키던 노송은
잠시 나른했는지
대나무 평상 위에 그림자를 내어주고
꾸벅꾸벅 졸고

부르지도 않은 산빛은
평상에 내려앉아
악보 없이 연주하는 새들의 가락을 듣고
솔바람은 초록잎 사이사이를 거닌다

산새소리 그림자에 스미는
산사 모퉁이의 감로수 한 잔,
고요를 깨운다

따뜻한 등불 하나

먹이를 찾아
지구 한 바퀴 돌아야 하는
머나먼 여행길,
줄지어 떠나는
기러기 떼

서로 위로하며
바람과 맞서 앞서 날다가 지치면
뒤 따라온 기러기가
바통 넘겨받아 앞으로 나아간다

밤을 지나고 구름을 지나고
안개 속을 지날 때마다
끼룩끼룩 끊임없이 소리 내어 외치는 것은
할 수 있다고 서로의 마음을 토닥이며
맨 앞서 날고 있는 기러기에게
보내는 응원의 노래 이리

나도 한 마리

기러기가 되어 함께 날다가
더 이상 앞으로 날 수 없어
땅으로 내려앉은 기러기 곁에서
따뜻한 등불 하나 켜고 싶다

한 줄기 햇살

하루하루 살다보면
작은 돌부리에 넘어지고
생각지 못한 장애물들이
불쑥불쑥 튀어나와 길을 막는다
가고 싶어도 가지 못하는 길처럼
이러지도 저러지도 못해
숨통이 막혀 답답할 때 산을 오른다
지리산 남록(南麓) 쌍계사에서
돈오문* 지나 금당백팔계단을 밟고 오르는
내 깊고 어두운 마음 저편
총총히 돋쳐 있는 가시들을 뽑고
불일폭포 앞에 서면
하얀 물보라를 솟구쳐 오르는
한 줄기 햇살이 가슴을 뚫는다

*돈오: 불교에서 깨우친다는 의미

팽이

동각(洞閣) 마루 위
팽이 칠 때마다
피어올랐던 무지개
채찍 멈추면
어디론가 사라져 버렸다

몸빼바지 속, 어머니 쌈짓돈
한 잎 꺼내어
막대사탕 빨며
이 골목 저 골목 누볐던 날 밤

훈계란 글이 종아리에 새겨졌고
잠든 사이 살며시
약 발라 주셨던
그 따스했던 어머니의 손길

팽이나 사람이나
채찍을 맞아야
무지갯빛 더욱 선명하게
떠오른다는 것을 알았다

밤

오월,
꽃향기 가득했던 숲속

벌, 나비 바삐 찾아들었던
그 곳
그 자리
푸른 몽우리의 가을 꿈
올챙이처럼 매 달렸던 밤

세차게 소나기 내리던 여름날
동그란 몸체만 남아
성게처럼 날카로운 가시
온몸 감싸고 돌아
아무도 찾지 않았다

오직, 햇살만이 찾아와서
한나절 놀다갈 뿐

가슴 깊숙이 숨겨두었던

잘 익은 가을 한 톨
창 활짝 열고
지상으로 툭툭 내려놓는다

물

어머니 의식이
한 순간 멈춰버린 침상 곁에서
신경 곤두세워
심장 쪽에 귀 기울인다

중환자실
뇌출혈 수술로 하얀 붕대 동여맨
낯선 비구니 같은 어머니는
종일 수액만 드신다

명의의 칼날과 간절한 기도 앞에서도
맥없이 꺼져만 가는 심장소리
두어 달 동안 멈춰 선듯하더니
해질녘 갑자기 통통 거린다

힘겹게 깨어나신 어머니의 첫소리
물 · 물 · 물
눈물이 물보다 앞서며
또다시 '물' 이라고 말하신다

벚꽃

딸아이의 볼 같은 꽃

백두루미 날갯짓 한 순간 피었다 지는 꽃

간들바람의 속삭임에도 흩어져 나는 꽃

연분홍 꽃잎 속 별빛 하나 밝히는 꽃

툇마루 걸터앉은 수고양이가 암고양이를 지긋이 바라보는 꽃

올무와 올무 사이

숲속 오솔길 한 모퉁이 지나 가시덤불 속 하얀 나비 한 마리, 거미줄에 걸려 파닥거린다. 한참 동안 몸부림치다 살겠다는 끈 놓았을까. 날갯짓에 바람이 들지 않는다. 그 정지의 시간을 어디서 노려보고 있었을까? 민첩하게 나타난 거미는 만찬이라도 준비하려는 듯 나비의 몸을 거미줄로 치-잉 칭 동여맨다.

대부업체에 걸려든 정씨가 벗어나려고 파닥거리던 안타까운 모습을 본 적이 있다. 그 후로 정씨는 어떻게 되었을까. 어디서 피를 빨리고나 있지 않을까. 나비의 눈물이 하얗게 걸려있는 거미줄이 길을 막는다.

수많은 올무와 올무 사이를 피해 가고 있는 나를 보았다.

산 오르는 이유

남으로 뻗어 내린 호남정맥 밀재에서
추월산을 오르며
마음 속 가득 찬 욕심
가을 잎 하나, 둘 내려놓듯 내려놓는다
산길 굽이돌아 솟구치는 오르막 길 접어
모든 육체의 구멍이란 구멍으로
미움, 시기, 질투, 분노
하나하나 한낮의 햇살 끌어와 불태우고
매미처럼 허물 벗으며 날숨 고르니
길섶 큰까치수염
주인 맞는 개처럼 꼬리를 흔든다
바위틈 급경사 내려가는 굽은 길 끝에서
마지막 남은 찌꺼기 하나
산들바람에 날려 보내면 그때서야
첩첩 산 넘어 오는 갈맷빛 파도
가슴 문 활짝 열고 꼭 안아 준다

함께 하려고 했는데

딱 일 년만 더 함께 하려고 했는데
갑작스럽게 병색이 깊다
20년 동안 나의 발이 되어
큰 일 없이 잔병치레만 손꼽을 정도였는데
묵묵히 속앓이만 했을 그였다

병원 찾아 치료받기엔
이미 늦어버린 암 덩어리가
온몸에 까맣게 퍼져있다
구급차에 한번 실려 가면 다시는 돌아오지 못하고
호스피스 병동으로 가야할 것만 같다

영영 되돌아올 수 없는 곳, 폐차장

서른다섯 살에 그를 만나
놀이동산과 유적지들을 다니며
함께 울고 웃으며 기뻐했던 일들
뒷좌석에서 뛰놀던 철부지 아이들의 웃음소리가
흑백사진처럼 소롯이 떠오른다

이제 다시는 만날 수도 볼 수도 없는 그를
내가 내려놓을 수 있는 것은
부활할 수 있다는 사실을 믿기에
붉은 철쭉 눈시울 적시는 날
끝내 떠나보낸다

돌뫼댁

저승 문턱 앞에서 천국 열쇠
분실하였다는 책임을 물어
삼 일 동안 사형선고장을 받았다가 면제된
돌뫼댁
그 곳이 어디라고
감히 겁도 없이 찾아갔던가요

늙도록 포근한 사랑 한번 못 받고
온 몸 시퍼렇게 피멍 들며 키웠던
자식에게까지 버림받으며
살아가고 있는 사람이 어디
돌뫼댁
혼자뿐이라던가요

죽지 못해 살아온 나날
그래도 사는 것이
유황불 이글거리는 곳에
가는 것보다 낫지 않는가요

차라리 그 불쌍한 사람을 위해

죽기까지 사랑하면 어떨까요
해마다 능소화는 저렇게 붉게 피우는데

입영날

뜨거운 김 푹푹 뱉는 날
윤 일병 죽음과
임 병장 총기난사 사건이
철벽 뚫고 온다

조국 위해 한 목숨 바칠 수 있겠느냐고 묻는
마른 잎 같은
입영통지서 한 장
덩그렇게 받고
대한의 아들로 꼭 돌려보내겠다는
각서 한 장 없이
큰 놈 그랬던 것처럼
그렇게 보내야 하는지

입영날
땅바닥에서 덥석 큰 절 한 후
지휘관을 따라가는
병아리 같은 아들과
눈 마주친 아내 손 꼭 잡는다

–요즘 군대는 군대도 아니야
–아무리 편해도 군대는 군대겠지요
아내의 눈가엔 너울 빛 붉게 타들어가고
길가의 매미는 목 놓아 운다

갓밝이

갓밝이* 문수계곡 지효산방
물 소리, 바람 소리
귓속으로 들어와서
단전을 맴돌아 나가고
해오름 소리 들려온다

발자국 하나 없는
호젓한 오솔길
살며시 빠져나와 걷는다

산은 아직도 솜이불 허리춤에 덮고
물 오른 개망초 눈 비비고 돌아선
돌담 모퉁이 자귀나무 잎
새벽기도로 하루의 문 열고 있다

*갓밝이: 날이 막 밝을 무렵

몽돌

거친 파도, 세찬 비바람에
몸 구르며
비비고
부딪치고
곪아 터진 아픔 사이로
피눈물도 흘렸다

햇살로
달빛으로
상처를 다독이며
담금질해왔었다

날 선 칼날에
깎이고
부서지고
쓰러지며
무릎 꿇고서야
자갈자갈
파도를 오르내린다

제3부

넉넉한 그리움 한 솥

가을이 올랑갑다

귀뚜라미 한 마리
빈 집 지키고 있었을까

불을 켠 막내딸 호들갑 소리 깜짝 놀라
소리 한 톨 흘려 놓고 어디론가 사라진다

아파트 10층까지 어떻게 왔을까?

문득, 어머니가 다녀가신 것만 같다

마당 가운데 모깃불 피워놓고
덕석 위 감자 한 소쿠리 삶아 오신
어머니 무릎을 베개 삼아
도란도란 얘기 소리 듣다가 졸다가
담장 밑 귀뚜라미 소리 들리면

–가을이 올랑갑다

하시던, 어머니의 맑음 소리
첼로의 가락으로 낮게 거실에 스며든다

황토 고구마

시골 형님이 보내주신 고구마가
하루를 털고 들어서는 나를 반긴다

상자를 뜯어내니 쟁기질하시던
아버지의 목소리가 먼저 튀어 나온다
–이리야, 이랴

안방 머리맡에 줄줄이 놓인
가마니 속에서
한겨울 함께 났던 고구마

그리움이야
늘 스치는 바람이었지만
흑백사진 속에 새겨진 산비탈 황토밭
이랑을 덮었던 쟁기질 소리
–이리야, 이랴

넉넉한 그리움이 한 솥 가득 익어가고 있다

기도 한 알

광양 내려가다
지구별 어느 곳에서 총을 쏘았는지
온몸 소름 돋는 소리 들려온다

앞 유리 한 귀퉁이 금 한 줄 그어진다

팥알보다 작은 돌일지라도
달리는 차에 튕기면
사람의 가슴에 꽂히는 상처가 된다

놀란 나는 차를 세우고 멍하니 하늘을 본다

나도 모르게 한 일이 다른 이들에게
상처로 남았다면 용서하소서!

나도 모르게 기도가 나왔다

평온

고창 청량산 문수사 일주문
해태(獬豸) 한 마리
단풍나무 숲 입구 막고 앉아
여기 들어가려거든 이 순간부터
보고 듣는 모든 것들은
세간의 알음알이로 말하지 마라 한다

흠 없고 티 없는
갓난아이 손 닮은 단풍나무
라오콘 군상처럼 사오백 년
오직 묵언의 수행으로
동안거(冬安居) 전 이미 깨달음을 얻은 듯
낯빛 참 붉고 평온하다

삐비꽃

무등산 기슭
산지기처럼 서 있는 삐비꽃
주인 맞는 백구처럼
꼬리를 흔들며 곰살갑게 반긴다

실개천이 졸졸대는 마을 앞 둔덕 길 따라
갓난아이처럼 쑥쑥 자라났던 삐비는
허기진 배를 채워주고도 남아
한 움큼 뽑아다가
그녀의 여린 손에 쥐어주었던
그녀의 집 흙벽 담에선
달맞이꽃이 환하게 웃고 있었다

가진 것 모두 내어 주고도
더 주지 못해 아쉬워하시는
어머니를 닮은 그 꽃이 고향 둔덕 길 따라
흐드러지게 피어나
지금쯤 지구 한 귀퉁이가 훤해지겠다

커피 한 잔

선유도 야외 원형소극장 객석
긴 나무 의자 뒤 종이컵 하나 쓰러져 있다

작은 구멍으로 안을 훔쳐보니
설탕 커피 한 모금이
개미떼들을 불러 모으고 있다

초록 잎들이
싱그런 바람에 취해 몸 흔들고

모처럼 시간이 많아진 나는
개미 곁에 앉아 커피를 마시고 있다

오순도손 한 자리에 둘러앉은
개미들과 커피 한 잔,
나도 개미가 되어 시간을 홀짝이고 있다

파묘(破墓)

바다가 한눈에 내려다보이는
망굴지* 기슭 터 잡고 계신
아버지를 뵈었다

영혼이 빠져나간
두개골과 대퇴골 두 점만이
실핏줄 같은 뿌리들에게 둘러싸여 있다

흰 한복을 즐겨 입으셨던 아버지를
자랑처럼 늘 얘기하셨던
어머니의 목소리가 갯바람에 쟁쟁거린다

눈 시린 봄볕이
유골함을 하얗게 쪼아댄다

*망굴지: 전남 무안군 해제면 송계 뒷산

들풀

나는 등하굣길 소곤대는 풀밭이 더 정겨웠다

사람들은 책 속에서 꿈과 길을 찾는다지만
내 꿈은 논둑과 밭둑에 쑥쑥 자랐다

꼴 한 망태 베어다가 소 밥 주었던 일이
지학(志學)의 나에게는 무엇보다도 큰일이었다

길 걷다 문득 싱싱한 들풀이 눈에 들면
코끝 세우고 웃음 짓던 소가 떠오르고

소를 바라보시던 아버지 눈웃음이
갓밝이 박꽃처럼 환해지곤 하셨다

지천명에 이르고 보니 내 어린 속살 같은 그 때가
나의 학문이었고 자랑이었다

나를 일으켜 세우는 든든한 힘이었다

코웃음

캄캄한 검정 비닐봉지 속
모과 여섯 알
가을 향 가득 품고 있다
그들의 살점을 도려내어
무채 썰듯 썰며
쌀쌀한 날
아니 눈 펑펑 내리는 날
차로 마시면 목에 좋다며
모래판에 힘쓰는 선수처럼
도마 위 한 판 씨름 중이다
칼 앙당 문 모과는
꼿꼿이 버티고 서서
두 눈 부릅뜨고
그녀를 노려보고 있다
질 수 없다는 듯 그녀도
샅바 당기듯 핏대 올려가며 끙끙댄다
묵묵히 지켜보던 나는
벌써 그것 하나 주무르지 못하면
더 늙으면 어떡하려고 그래
여물 썰던 실력 보여준다며

하나 둘 썰다
긴장 풀린 왼손 검지 손가락 끝의
살점과 손톱을 한 입 베어 물고서야
모과는 코웃음 치며 구른다

모닥불꽃

물 빠진 담양호는
굶주린 산모처럼
허기진 배를 움켜쥐고
추월 산정을 바라보고 있다

고구마 밭, 이랑 끌고 계셨던
아버지의 소고삐,
뒤따라 고구마 줍던 어머니의 거친 숨소리,
골목골목 뛰며 놀던
아이들의 카랑카랑한 목소리까지 삼켜버린
어둠은 산비탈을 어슬렁어슬렁 내려와
담양호에 빠져린 꿈의 상처를 덮는다

다랭이 논과 밭, 집과 돌담 사이사이
돋아난 파란 이끼 같은
그들의 한숨과 그리움 소리 들리는
용마루길 접어 되돌아오는
추월산 보리암에서는
모닥불꽃
한 줄기 피어오르고 있다

향기

두륜산 주봉에 서서
문 활짝 열린 하늘 구름 시렁 삼아
세상 염려 올려놓고
해남 땅끝 갯바람을 맞는다
바람은 벼 잎새를 쳐내며
까칠까칠한 벼 숭어리들을
조심스레 어루만진다
크고 작은 능선들을 넘어 온
바람에게서 어머니 향기가 난다
갯벌에서 잡으셨던 바지락
그 비릿한 냄새와 들녘에서 흘리셨던
그 땀 냄새를 안고
내 품에 안기는 바람
나는 그 바람을 부여잡고
밭고랑 같은 이마를
마주 대며 비벼대고 싶은
어머니 향기가
스폰지에 물 스미듯 온 산 가득 스며든다

점 · 점 · 점

작은 너울에도 힘없이 스러지면서
밀려왔다 밀려가는 모래알보다 작은 점
밤이면 밤마다 총총히 빛나는
뭇별들 속
눈에 잘 보이지 않는 은하 속 하나의 점

점과 점이 이어지면 선이 되고
선과 선이 휘어지면 곡선이 된다
선과 곡선이 손잡아 말이 되고
말과 말이 모여앉아 이야기가 된다

내가 무수히 밟고 건너왔던 징검돌 같은
점들을 걷다 서다 문득 뒤돌아보니
흩어진 기억의 파편들 속,
애틋이 피어오른 억새꽃 하나
하얀 손 흔든다

백세 시대, 수많은 점들 찍고 찍으며
걸어왔던 시간 속, 틈과 틈 사이에서
지천명을 살고 보니

독수리가 생의 전환점 앞에서
온 몸 불사르고서야
하늘의 제왕으로 우뚝 섰던 것처럼 나도
또다시 점 · 점 · 점,
점 하나 찍으며 우주 속으로 찾아든다

가련봉까지는 가야 한다

두륜산 만일재에 올라서니
일행의 발길 막고 섰던
억새들이 백기를 흔든다

두륜봉의 기세를 등에 업고
가련봉을 향해 오르던
한 사람이
솟대처럼 솟은 절벽 위에 서서
가련봉과 노승봉을 가리키며
여기서 되돌아가자 한다

말들이 갈팡질팡 오가는 사이
나는 가련봉까지는 가야 한다며 앞장섰다
가련봉과 노승봉이 나의 외침을 들었는지
무서워 말고 오라 한다
멈추지 말고 오라 한다

침묵

시베리아 북쪽
타우라스산 맨 위에 살고 있는 독수리는
골목대장처럼 이곳을 지나는
두루미를 먹고 산다

떼 지어 시끄럽게 나는 두루미의
그 떼울음 소리
숨죽여 기다리던 그 길목에서
독수리의 놀잇감이 되고 먹잇감이 된다

작은 돌멩이 하나
물고 날며 그 무게만큼
침묵해야 한다는 것을
늙은 두루미는 알기에
그 산을 넘고 넘는다

늙어간다는 것은
하나둘 깨달아 간다는 것
지천명을 지나 종심이 되면
저 늙은 두루미처럼 나도
그 산정을 훨이훨이 날 수 있을까

밤의 숲길

햇살이 놀다간 자리에
아직도 따스한 체온이 스며든
어등산 밤 숲길,
기별 없이 찾아간 나를 곰살갑게 반긴다
별빛 아래 어둠을 깔고 앉아
때로는 풀벌레들 한 자리에 모여
악보 없이 즉흥곡을 연주하기도 한다

곡이 끝날 때마다
외쳐대는 앵콜 소리
풀 잎새를 쳐내는 소슬바람 소리가
틈과 틈 사이를 지나고
독주와 합주가 번갈아 수은등 불빛을 따라 흐른다

걷다가 문득 벤치에 앉아 밤하늘을 본다

어디선가 개똥벌레 한 마리
가을 성화 한 입 물고와 불 지펴 놓고
사진 속 풍경처럼 어둠 속으로 사라진다

풋사과 익어가는 칠석날 밤
마당 가운데 덕석을 깔고
강냉이 한 소쿠리 놓고 빙 둘러 앉아
어머니의 견우와 직녀 별자리 얘기가
뭇별 속에 잦아든다

끝내 말하지 못한 채
–목월문학관에서

동해 너머로 둥둥 떠가는
진보랏빛 환한 봉오리 하나*
그 토함산 기슭에서
반세기 넘게 만나보고 싶었던
당신은
두 눈 덩그렇게 뜨고
왼손으로 턱을 만지며
문학관 입구 벽에 걸려있었습니다

봄눈 녹고 느릅나무 속잎** 돋으면
꼭 한번 당신을 찾아봬야지 하면서도
청노루 맑은 눈에 도는** 꿈속에서만
당신을 만나곤 했습니다

그렇게 보고 싶고 그리워했으나
그런 당신을 만나
차 한 잔
나누지 못하고

너울빛처럼 얼굴만 붉히다가
꼭 하고 싶은 말
'나그네', '윤사월', '청노루', '토함산' 같은 시 한편
남기고 싶다고
끝내 말하지 못하였습니다

박목월의 시 「토함산」, 「청노루」**

낙화

서로 마주 잡았던 손을 놓는다

낮과 밤

시작과 끝

기쁨과 슬픔

삶과 죽음

허공에 선이 하나 그어지고 있다

여행

어쩌다 여행을 떠난다는 것은 때론
고삐 풀린 망아지처럼 날뛰며
사진 속 낯선 풍경을 찾거나
낯선 거리, 낯선 건물,
낯선 삶 속 숨겨진 혼의 씨앗을 찾아 떠나는
여행도 좋아하지만 나는
출퇴근 길
낯익은 풍경일지라도
매일 떠나는 여행처럼 가고 싶다
머리 숙여 바라볼 수 있는 길섶
작은 풀꽃들의 눈웃음과
초록빛 싱싱한 나뭇잎의 따뜻한 손짓과
때로는 가슴 속, 새콤달콤 전해주는 매혹의 바람과
해와 달과 구름, 별들과도 소담소담 얘기할 수 있는
익숙한 풍경들 속에서
이전 것과 같은 것은 하나도 없으리니
하물며 매일 만나는 사람들까지도 그러하다
모든 것들은 항상 새롭게 태어나나니
소소한 변화 속,
설렘과 기대와 소망을 안고 여행을 떠난다

타향살이

그날 그해, 젖 내음 뿜던 나이를
기억의 책장 속에서도 찾을 수 없는 나는
산과 들, 가는 곳곳마다 졸졸
어머니 뒤를 따라 다녔다
아슴하게 까마득하여라

울매산, 갈퀴나무 하시다말고
칠산 바다를 망부석처럼 바라보시며
꼭 안고 부르시던 노래

– 타향살이 몇 해던가 손꼽아 헤어보니
고향 떠난 십여 년에 청춘만 늙어…
– 니 아부지가 타향살이는 자알 부르셨지야,
저 하늘에 혼자 잘 살고 있것지야

그 뒤로도 가끔 어머니께서는
타향살이를 부르셨고
내 새끼 하시며 빗질하시듯 머리를 쓰다듬었다
그때마다,
어머니의 눈가에 맺힌 노을 한 방울

칠산 바다에 떨어져 붉게 물들었고
푸념 섞인 넋두리로만 들었던 아들놈
아버지 가신 곳으로 어머니를 보내고서야
가슴 속 깊은 곳, 텅 빈 방에서
타향살이가 소롯이 문틈을 뚫는다

*가요 〈타향살이〉

손 편지

이브 몽땅의 '고엽'이
빗줄기를 타고 차 안 가득 스민다

가로수 은행잎은
차 앞 유리에 내려앉아
소박한 옛 얘기
한 바구니 내려놓는다

그녀가 건네준 시집 속
책장과 책장 사이에 사랑한다는
손 편지와 함께
노란 은행잎 하나 끼어있었다

커피 한 잔 놓고
그냥 그렇게 한 나절 보내고
그리 무슨 할 말이 남았는지
또다시 만나곤 했던 블랙엔화이트에서
즐겨 들었던 샹송
큰길 은행잎을 노랗게 적시고 있다

제4부

그리움의 뼈가 저려온다

일기예보

어머니께서 말씀하셨다
뼈마디마디가 시리도록 저려온다고

들녘에 된서리가 내리면
어머니의 관절에도 하얀 서릿발이 돋았다

바지락 한 다라이 잡아오시는 날이면
어머니의 뼈마디마디에는
갯내음 대신 통점들이 스며들었다

첫서리와 얼음 어는 소식이
내 무릎 틈 사이로 스미는 밤,

남겨 놓고 가신 가락지 하나 꺼내어 본다

그리움의 뼈가 저려온다

지폐 한 장

계단 오르다 순간 뒤돌아보았다

대학 진학, 교수임용…
삶의 순간순간마다 접고 접었던
내 모습처럼 또 접고 접힌
지폐 한 장

교복바지, 주머니 속 접고 접어 꼭꼭
넣어두었던 책값, 그 녀석이
빠져나갔던 그날 밤

–아이고, 이리로 빠져버렸구먼, 계란이 몇 판인디

혀 차시며, 한 땀 한 땀 꿰매시던 어머니께서
손수건에 곱게 싸주셨던
지폐 한 장

한 장의 기억으로 남은 그리움 몇 판

황제펭귄

바다에서 한 때를 살다가
벚나무 꽃봉오리 물오르면
뭍으로 올라가는 가시고기처럼
남극해 겨울이 오면
황제펭귄들은
줄지어 오모크로 간다

아비들은 아내들을 모두 두 달 동안 떠나보내고
두 발등 위 옮겨진
알 하나
생명의 부활을 위해
골수까지 파고드는 블리자드*에 맞서
오직 한 뜻, 허들링**으로 하나의 유기체가 된다

피 흘림 없는 탄생은 하나도 없느니
생명은 모두 피 흘리며 태어나느니
탄생은 한 송이 꽃이다

*블리자드: 남극대륙 빙원의 가장자리에서 시속 160㎞로 강하게 부는 바람으로 미국 기상국은 시속 51㎞ 이상이고 눈으로 인해 시정이 150m 이하로 떨어지는 폭풍

**허들링(Huddling): 알 품은 황제펭귄들이 서로의 체온으로 혹한의 겨울 추위를 견디는 방법으로 무리 전체가 돌면서 바깥쪽과 안쪽에 있는 펭귄들이 계속해서 서로의 위치를 바꾸는 것

북경원

조대 정문 사거리 골목길에 중국식당 하나, 붉은 명찰 새긴 '북경원'이란 은색 철가방을 뒷좌석과 양 옆에 하나씩 매단 오토바이는 여주인을 등에 태우고 병원을 제집인 듯 들락거렸다. 오토바이는 주차장 한 칸 버티고 앉아 충견처럼 기다리고 있었다.

땅솔 같은 키, 파마기 없는 부시시한 머리, 화장기 없는 거무스름한 낯빛, 새살 돋은 옹이 박힌 손, 바지만 즐겨 입는 선머슴 같은 여주인은 1층부터 9층까지 병원 구석구석 쌓인 먼지를 쓸어내며 쩌렁쩌렁한 인사말로 짜장과 짬뽕의 도착을 알렸다.

벚꽃 가지 휘어지는 봄, 매미들이 땡볕 달구는 여름, 단풍잎 사이로 밤 톡톡 내려놓는 가을, 구들장 속 장작 불꽃 끌어당기는 겨울을 병원의 한 구석에서 보내는 동안 탕수육을 시키면 짜장면 곱빼기에 만두까지 가져오는 그녀를 무던히도 사랑하였다.

그녀는 김순자라는 이름 대신 북경원이라고 불렀다.

메타세쿼이어의 기도

출퇴근 길, 봄부터 가을까지
낯익은 풍경 속
둥지를 숨겨두었던
메타세콰이어
오가는 무수한 손길 속에서도
꼿꼿이 큰 도로변에 서서
초록 옷자락 속, 까치의
든든한 바람벽이 되었구나
겨울이 점점 흰빛으로 여물어오기 전
나는 너를 키워 보내고
모두 내어준 가시고기의 앙상한
뼈처럼 남아 빈 둥지 하나 드리우고
하늘 향해 우뚝 서서
혹 다시 찾아올지도 모를
아니 영영 찾아오지 않음을 알면서도
나무 가지들은 손에 손 잡고 일제히
묵언의 기도 올리고 있구나

마피아, 12월의 건배사

한 해 마지막 달로 들면
사람의 발길 빨라진다
삼백육십오 일, 돌고 도는 나날 속에서
별나라 작은 마을 사람들은
지워져가고 있는 흑백필름의 영사기를 돌린다
하얀 캔트지 위
빗줄기처럼 찍찍거리며
힘겹게 돌아가고 있는
희미한 그리움을 부여잡고
호명하는 것은
잘 살아보겠노라 다짐하는
몸부림의 함성일게다
송년의 문 활짝 열어
희망 찬 첫 출발을 위해
꿈과 소망과 사랑 가득
술잔 속에 드리운
건배사가 울려 퍼진다

통통통[1)], 찬찬찬[2)], 껄껄껄[3)], 스마일[4)], 변사또[5)], 이기자[6)]

그 중 작은 별 하나가 "마피아[7]"라고 외친다

1)통통통: 의사소통, 운수대통, 만사형통
2)찬찬찬: 희망 찬, 활기 찬, 가득 찬
3)껄껄껄: 참을 걸, 베풀 걸, 즐길 걸
4)스마일: 스쳐도 웃고, 마주쳐도 웃고, 일부러 웃자
5)변사또: 변함없는, 사랑으로, 또다시 사랑하자
6)이기자: 이런, 기회를, 자주 만들자
7)마피아: 마음 나누고, 피도 나눈 사람처럼, 아름다운 사랑을 위하여

산동의 겨울 아침

눈 덮인 지리산 산정을
내려온 냇바람이
새벽 문 세차게 연다
외투를 목까지 여미고
돌담길 한 모퉁이를 돌다
산수유나무에 매달린
공양으로
허기진 배 채우던
딱새가 하는 말
밥 한 그릇 건네 보았소?

눈꽃 · 1

봄, 여름, 가을, 겨울
꽃은 철따라 피고지지만
잎 먼저 피울지
꽃 먼저 피울지
걱정하지 않는다

나는 꽃 먼저 피워야 할지
잎 먼저 피워야 할지
도무지 알쏭달쏭
철 따라 바람만 잡으려한다

이러다가 저러다가
잎도 피우지 못하고
꽃도 피우지 못하는
한 그루 고목이 되면

나는 그때서야
차디찬 칼바람 속 우뚝 솟아
하늘이 준 하얀 눈발 맨몸으로 받아
어둠 속 촛불 같은 눈꽃이 되고 싶다

낯선 곳 낯선 길에서

낯선 곳 낯선 길에서
낯선 사람을 만나 얘기하면
싱싱한 야채로 버무린
생김치를 꼭꼭 씹는 느낌이다

낯선 곳 낯선 길에서
싫어하는 사람을 만나 얘기하면
먹기 싫은 음식을 놓고
어쩔 수 없이 먹어대는 느낌이다

낯선 곳 낯선 길에서
정든 사람을 만나 얘기하면
한겨울 묻어두었던 김장김치 한 줄기
뜨거운 밥 위에 올려 먹는 느낌이다

낯선 곳 낯선 길에서
좋아하는 사람을 만나 얘기하면
팔닥폴닥 뛰는 활어를 초고추장 찍어
소주 한 잔 들이키는 느낌이다

낯선 곳 낯선 길에서
사랑하는 사람을 만나 얘기하면
먹고 싶은 음식을 먹지 않아도 배부른 것처럼
좋은 시 한 편 쓰는 느낌이다

하늘의 제왕

짐승의 오장육부를 갈기갈기 찢어
꺼내어 먹고 사는
하늘의 제왕, 독수리
날과 날이 쌓이고 쌓이면
그 날선 부리와 발톱도
세월의 무게를 덮지는 못한다
더 이상 날 수 없는 날
살든지 죽든지 오직 하나
그때, 독수리는 수도승이 되어
고요만이 찾는 산정에 둥지를 틀고
발끝에서 정수리까지 모두 불사르고서야
비로소 또다시
하늘의 제왕으로 우뚝 설 수 있음을 알았다

가을 부르는 소리

손톱 끝 초승달 익어가는 밤
호수공원 산책길 걷다 서다
감나무와 벚나무 사이사이
곰살갑게 귓속 간질이는
통기타 소리 들려온다

한낮 살갗은 아직도 따가운데
밤바람 소리는 이미
가을 한 톨 끌어와서
길섶 풀숲에 놓았는지
풀벌레의 합창 소리 은은하다

걷다가 서다가

풍뎅이 배 뒤집고 빙빙 돌듯
호수공원 산책로를 세 바퀴째 돌고 있다

!,
빗방울 하나 정수리를 치더니
발뒤꿈치까지 쏟아지기 시작한다

정자 한 모퉁이에 서서
수은등 불빛 속 굵어지는 빗방울을 바라보았다

몇은 비 맞으며 걷고
또 몇은 비 맞으며 뛰고 있다

산다는 것은 빗속에서 걷고 뛰는 차이일까

마음 하나에 속도가 달렸다

비 그치자 아무 일 없었던 것처럼
산책로를 다시 걷는다

느리게 느리게 다섯 바퀴 돌고서야
풍뎅이 멈춰 서듯 멈추었다

나 홀로 고요하다

사북 유물관에서

"나는 산업전사 광부였다"

하얀 이빨 드러내 보이며
자랑스레 활짝 웃고 있다

하얀 불빛조차 차갑고 어두운 전시실 벽
석탄가루 버무려진 빛바랜 얼굴들
피와 눈물과 한숨과 부르짖음으로 찬
핏발선 두 눈 부라리고 있다

해 솟아 갱도 속 막장 안
올빼미 같은 눈 치켜세우고
어둠 속 두더지처럼 파고 또 파며
해 떨어져 환생초(還生草)가 되는
막장 속 영혼의 소리들이여!

낡고 볼품없어 보이는 유품과 체취 속에서
꿈틀거리며 숨통 조여 오는 삶의 멍에가
한낱 고물상 물건쯤, 여기는 막내딸
입 퉁퉁 불어 빨리 나가자 내 손 잡아끈다

처마 밑 고드름 하루 종일 매달려
몸서리치며 뒤척거렸던 겨울밤 얘기를
구전으로 내려오는 설화로 여기고 있으니
어찌 그 비가(悲歌)를 네가 알겠느냐

눈 내린 포장마차 아궁이에서는
아직도 곰장어 한 마리 익어가고 있다

햇살 한줌

수통골 가는 버스 타려고
장대 4가 정류장으로 갔다
'아버지의 집으로 가고 싶다'*란 시가
정류장 그늘막 벽에 기대어 서서
나를 기다리고 있다
읽고 또 읽으며 그래그래
시골에서 도시, 토담집에서 아파트
넓은 들녘 대신, 빌딩 속 작은 사무실 한 칸
꼴 베어 소죽 쑤고 여물 주는 대신,
현미경 속 세균들의 이름이 뭔지
어떤 항균제를 좋아하고, 싫어하는지…
어린아이 구슬리듯 구슬려가며 진종일 씨름하다
오늘은 그 일상에서 벗어나
유성유스호스텔 학회장 가는 버스 안
햇살 한줌 참 따사롭다

*이상국 시인의 시

달빛 풍금

질경이처럼 살다
허리 굽고 뼛속 바람 숭숭
넘나들고서야 잘 키운 자식
집에 두고 요양원으로 간
유촌동 김 노인의 집
겨울나무 가지에 매달린 빈 둥지처럼
지구별 한 모퉁이 매달린 틈 사이로
바람이 지나가고 차디찬 달빛만이
친구 안부가 걱정되어 밤마다 찾아와
달빛 풍금을 타다 갈 뿐
굳게 닫힌 대문 앞에는
각종 고지서가 꽂혀있고
감나무 가지엔 까치밥 하나
덩그렇게 한 생을 품고 있다

불새

새끼줄 메인 달집 허리엔
바램과 소망이 빼곡히 적힌
하얀 리본 같은 천 쪼가리들이
배추흰나비처럼 나풀거리며
달리는 승마를 채찍 하듯
너머 가는 해의 길을 재촉한다

텅 빈 밤 동산 중앙에
덩그렇게 매달린 하얀 보름달이
정월 대보름 풍악에 맞춰
어깨를 들썩들썩거린다
기름 부은 달집 옆 빙 둘러선 사람들
일제히 횃불 지피는 순간
용암처럼 치솟는 불길 속
유성처럼 쏟아지는 파편들 사이로
외쳐대는 대나무 함성소리
액운을 쫓는다

장독 위 정화수 한 사발 놓고
두 손 비시던 어머니의 뒷모습

이글거리는 불 무덤 속,
피어올랐다가 사라진 순간
불새 한 마리
화교(火橋)를 건너 달빛 속으로 잦아든다

여심폭포(女深瀑布)

해 솟아 두 뼘 기운
남설악 한계령 흘림골

등 굽은 산길 거슬러 오르는
연어 떼 같은 사람들이
등선대(登仙臺)를 향해 가다가

앞서 걷던 사람이
바위에 우뚝 서서
저기,
여심폭포(女深瀑布)다

맞은편 양근암이
가슴골을
지긋이 바라보고 있다

오잎주 한 잔

따스한 햇살 품은 목 좋은 곳
청량산 단풍나무 숲
고창 들녘 아낙처럼
수수한 얼굴로 대웅전이 똬리를 틀고 있다
그녀도 젊어서는 고운 낯으로
오가는 중생의 발걸음 멈춰 서게 했으리라

맞배지붕 치받은 배흘림기둥은
빛바랜 몸으로 활주에 기대어
동산 가득 번져오는
노랗고 붉으스름한 잎들을 지켜보고 있다

귀뚜라미 한 마리 불 지폈을까
단풍잎들이 온 산 가득 타들어오고
문수전 문수보살은
오잎주 한 잔 드셨는지 낯빛 참 붉다

헛된 세월

문 열고 나서면
집이 그리워 돌아가고 싶고
집에 있으면 밖이 그리워
밖으로 나가고 싶다
피곤하면 앉아 쉬고 싶다가도
앉으면 다시 서야 할 것 같다
일이 있으면 일단 마감일 전까지
미루다가 마감시간에 맞춰 그 일을 한다
그렇게 나갔다 들어왔다
앉았다 일어섰다
미루고 또 미루는 나날들 속에서
헛된 시간만 잡아먹고 있다

날벼락 소리에 놀란
독수리 한 마리
다시 힘찬 날갯짓하며 하늘로 솟는다

작심삼일

가는 해와 오는 해가 만나는
희망역 대합실
여기저기 모여든 사람들이
꿈의 열차를 기다린다
첫 출발 알리는 제야의 종소리 맞춰
별빛 퍼 붓는 자정 열차를 타고
어디를 가려는 것일까
소망을 이루기 위해
희망이 샘솟는 곳을 찾아
길 떠나는 것일까
빈 틈 없이 돌아가는 지구별 사람들은
그 날 작심하기를
비바람 눈보라 속에서도
흔들리지 않는 주춧돌 하나씩 놓는다
하루, 이틀, 사흘 밤 새우고 나면
언제 그랬냐는 듯
코웃음 치며 일상으로 돌아가고
돌덩이 하나
지구 한 모퉁이에 버려져 나뒹군다

믹스커피

쌍암 야외무대 잔디밭
종이컵 하나 덩그러니 누워있다
단 한 번 세상에 나와
매미처럼 울었던 외로운 사람이
짧은 만남을 뒤로하고 구겨져있다
구겨진 몸 사이로
흘러나온 설탕물 한 방울
모든 것을 내려놓은 몸에서
흘러나온 작은 공양
개미들
그의 외로움에 붙어
마지막 가는 길 전송하고 있다

황금꽃

황금꽃을 보셨는지요?

황금이다고 아내가 말하자
아이들이 깜짝 놀라 그 꽃을
들여다보며 깔깔거린다

–왜 향기가 없지? 이쁘다
이상하다며 머리를 갸우뚱거린다
–너도 그랬어

딸아이 기저귀 속
똬리를 틀고 핀 한 숭어리
황금꽃

■해설

우주 앞에 겸손한 생명사상

허 형 만

(시인 · 목포대 명예교수)

오늘날 시 쓰기는 과연 무엇일까. '나는 오늘도 지상의 감각과 까닭 모를 신선함, 그리고 어떤 신비의 열쇠를 찾아 나설 준비가 되어 있는가?' 라고 묻는 마르셀 레몽의 의도는 진실로 시 쓰기의 정신을 일깨우기에 부족함이 없을까. 시라는 게 결국 만남의 실천이라고 할 때, 그 만남의 주체적 시선과 실천 방법으로서의 내적 성찰의 깊이까지 고민하지 않을 수 없는 게 오늘날 시인들이 안고 있는 고민이 아닐 수 없을 터이다.

조성식 시인의 첫 시집 『가련봉까지는 가야 한다』는 어쩌면 앞에서 우리가 자문한 오늘날 시 쓰기에 대한 고뇌의 한 축을 볼 수 있지 않을까 싶다. 시인은 「시인의 말」에서 '장미꽃이거나 양귀비꽃처럼 향기롭거나 화려하지 않은 그저 소소한 빛바랜 피사체에 담긴 얘기들을 두렵고 떨리는 낮고 낮은 풀꽃 같은 마음으로' 시를 썼다고 고백하고 있다. 이 고백은 참으로 겸손하다. 시적 만남을 실천하기 위해서는 먼저 들풀을 비롯한 우주 앞에 겸손하지 않으면 안 된다는 시 정신을 우리에게 드러내 보여주고 있다는 점에서 우선 시인을 믿을 수 있으리라.

나는 등하굣길 소곤대는 풀밭이 더 정겨웠다

사람들은 책 속에서 꿈과 길을 찾는다지만
내 꿈은 논둑과 밭둑에 쑥쑥 자랐다

꼴 한 망태 베어다가 소 밥 주었던 일이
지학(志學)의 나에게는 무엇보다도 큰일이었다

길 걷다 문득 싱싱한 들풀이 눈에 들면
코끝 세우고 웃음 짓던 소가 떠오르고

소를 바라보시던 아버지 눈웃음이
갓밝이 박꽃처럼 환해지곤 하셨다

지천명에 이르고 보니 내 어린 속살 같은 그때가
나의 학문이었고 자랑이었다

나를 일으켜 세우는 튼튼한 힘이었다

—「들풀」 전문

누구에게나 삶의 힘이 있기 마련이다. 조성식 시인에게는 그 힘, 곧 '나를 일으켜 세우는 튼튼한 힘'이 '들풀'이었음을 고백하고 있다. 다시 말해 시인의 삶의 힘은 이미 어린 시절 소 밥 주기 위해 '꼴 한 망태'를 벨 수 있는 '논둑과 밭둑에 쑥쑥' 자란 들풀처럼 싱싱하게 자랐음을 보여준다. 무한한 잠재력을 상징할 뿐 아니라 생명성을 상징하는 들판과 논둑, 밭둑에서 자라는 풀은 자연의 힘에 다름 아니다. 이 자연의 힘을 '코끝 세우고 웃음 짓던 소'와 그 '소를 바라보시던 아버지'는 함께 느끼고 있으며 바로 그 자연의 힘을 시인은 '나를 일으켜 세우는 튼튼한 힘'이었으며 동시에 '나의 학문이었고 자랑이었다.'고 말한다. 그래서일까. 그 힘은 때로 '힘찬 날갯짓하며 하늘로 솟는'(「헛된 세월」) 독수리처럼 강인하기도, 때로 '나 홀로 고요'(「걷다가 서다가」)하기도, 할 수 있는 삶의 진실을 깨우칠 수 있었는지도 모를 일이다. 시인은 성찰한다. '늙어간다는 것은/ 하나 둘 깨달아간다는 것/ 지천명을 지나 종심이 되면/ 저 늙은 두루미처럼/ 그 산정을 훠이훠이 날 수 있을까'(「침묵」)하고. 그러면 이렇게 삶의 진실을 성찰하며 깨우친 조성식 시인의 희망은 무엇일까.

먹이를 찾아
지구 한 바퀴 돌아야 하는

머나먼 여행길,
줄지어 떠나는
기러기 떼

서로 위로하며
바람과 맞서 앞서 날다가 지치면
뒤 따라온 기러기가
바통 넘겨받아 앞으로 나아간다

밤을 지나고 구름을 지나고
안개 속을 지날 때마다
끼륵끼륵 끊임없이 소리 내어 외치는 것은
할 수 있다고 서로의 마음을 토닥이며
맨 앞서 날고 있는 기러기에게
보내는 응원의 노래이리

나도 한 마리
기러기가 되어 함께 날다가
더 이상 앞으로 날 수 없어
땅으로 내려앉은 기러기 곁에서
따뜻한 등불 하나 켜고 싶다

–「따뜻한 등불 하나」 전문

이 시에는 겨울 철새인 기러기가 등장한다. 『규합총서(閨閤叢書)』에 기러기를 '추우면 북으로부터 남형양에 그치고 더우면 남으로부터 북안문(北雁門)에 돌아가니 신(信)이요, 날면 차례가 있어 앞에서 울면 뒤에서

화답하니 예(禮)요, 짝을 잃으면 다시 짝을 얻지 않으니 절(節)이요, 밤이 되면 무리를 지어 자되 하나가 순경하고 낮이 되면 갈대를 머금어 주살을 피하니 지혜가 있기 때문에 예폐(禮幣)하는 데 쓴다.' 고 하였다. 이와 같은 기러기의 특성은 이 시에서 시인의 삶과 정신으로 치환되어 드러난다. '밤' 과 '구름' 과 '안개' 로 상징되는 현실의 장벽들을 헤쳐 나는 기러기는 곧 시인과 한 몸이다. 아니, 하나 된 정신이다. 한국 시에서 지금까지 기러기에 대한 발상은 서정주의 「기러기 소리」나 김규동의 「송별(送年)」에서처럼 그리움과 애달픔이 전부였다면 조성식 시인은 이러한 낭만적 서정 혹은 감상을 과감히 거부한다. 시인은 말한다. '나도 한 마리/ 기러기가 되어 함께 날다가/ 더 이상 앞으로 날 수 없어/ 땅으로 내려앉은 기러기 곁에서/ 따뜻한 등불 하나 켜고 싶다' 고. 그렇다. 바람과 맞서 하늘을 날던 기러기가 더 이상 앞으로 날 수 없어 땅으로 내려앉았을 때의 상승과 하강의 절묘한 이미지의 대립은 그 기러기 곁에서 따뜻한 등불 하나 켜고 싶다는 희망으로 합일을 이룬다는 점에서 시인의 시정신을 높이 살만 하지 않는가. 더 나아가 이와 같은 높은 시정신은 '이러다가 저러다가/ 잎도 피우지 못하고/ 꽃도 피우지 못하는/ 한 그루 고목이 되면// 나는 그때서야/ 차디찬 칼바람 속 우뚝 솟아/ 하늘이 준 하얀 눈발 맨몸으로 받아/ 어둠 속 촛불 같은 눈꽃이 되고 싶다' (「눈꽃 1」)에서 절정을 이루니 우리가 어찌 조성식 시인의 시를 사랑하지 않을 수 있겠는가.

조대 정문 사거리 골목길에 중국식당 하나, 붉은 명찰 새긴 '북경원' 이란 은색 철가방을 뒷좌석과 양 옆에 하나씩 매단 오토바이는 여주인을 등에 태우고 병원을 제 집인 듯 들락거렸다. 오토바이는 주차장 한 칸 버티고 앉아 충견처럼 기다리고 있었다.

땅솔 같은 키, 파마가 없는 부스스한 머리, 화장기 없는 거무스름한 낯빛, 새살 돋은 옹이 박힌 손, 바지만 즐겨 입는 선머슴 같은 여주인은 1층부터 9층까지 병원 구석구석 쌓인 먼지를 쓸어내며 쩌렁쩌렁한 인사말로 짜장과 짬뽕의 도착을 알렸다.

벚꽃 가지 휘어지는 봄, 매미들이 땡볕 달구는 여름, 단풍잎 사이로 밤 톡톡 내려놓는 가을, 구들장 속 장작불꽃 끌어당기는 겨울을 병원의 한 구석에서 보내는 동안 탕수육을 시키면 짜장면 곱빼기에 만두까지 가져오는 그녀를 무던히도 사랑하였다.

그녀는 김순자라는 이름 대신 북경원이라고 불렀다.

–「북경원」 전문

조성식 시인의 시는 따뜻하다. 우주를 바라보는 시선이 따뜻하고 그 마음 또한 따뜻하니 당연히 시들이 모두 따뜻할 수밖에 없을 터. 위의 시도 시인의 시선과 마음이 따뜻하게 잘 녹아들어 있다. 식사 시간이 되면 조성식 시인이 근무하는 병원으로 '붉은 명찰 새긴 '북경원' 이란 은색 철가방' 이 도착한다. 그리고 '1층부터 9층까지 병원 구석구석 쌓인 먼지를 쓸어내며 쩌렁쩌렁한 인사말' 을 거침없이 내뱉는다. 그 배달원은 남자가 아니라 여자다. 그것도 오토바이에 '짜장과 짬뽕을' 싣고 '병원을 제집인 듯 들랑거' 리는 '바지만 즐겨 입는 선머슴 같은 여주인' 이다. '김순자라는 이름 대신 북경원이라고' 불리는 중국집 여주인의 삶을 이처럼 생생하고도 감칠맛 나게 표현한 작품을 아직 보지 못했다. 시인의 관찰력도 그렇거니와 이웃에 대한 따뜻한 마음과 시선이 이 시를 살리고 있는 핵심이다. 바로 시인의 생명의식, 생명사랑이 우리로 하여금 감동으로 이끄는 힘인 셈이다. '시골 교회당에서 만났던/ 민들레 홀씨// 먼 길 떠나와/ 으슥한 옹벽 밑 콘크리트 벽돌 사이/ 틈 하나 열고 앉아/ 오가는 사람 그 사랑 전하는/ 민들레 홀씨' (「민들레 홀씨」)가 그렇고, '지리산 계곡, 북방산 개구리/냉수에 몸 씻고 복수초를' (「입춘날」) 보고 있는 장면이 그렇다. 특히 다음 시에서는 시인의 생명정신이 절정을 이룬다.

선유도 야외 원형소극장 객석
긴 나무 의자 뒤 종이컵 하나 쓰러져 있다

작은 구멍으로 안을 훔쳐보니

설탕 커피 한 모금이
개미떼들을 불러 모으고 있다

초록 잎들이
싱그런 바람에 취해 몸 흔들고

모처럼 시간이 많아진 나는
개미 곁에 앉아 커피를 마시고 있다

오순도순 한 자리에 둘러앉은
개미들과 커피 한 잔,
나도 개미가 되어 시간을 홀짝이고 있다

—「커피 한 잔」 전문

시인은 지금 선유도 야외 원형소극장 객석 긴 나무 의자에 앉아 커피를 마시고 있다. 커피를 마시며 발견한 것은 다른 사람이 마시고 버린 종이컵 속 개미떼. 시인은 '설탕 커피 한 모금이/ 개미떼들을 불러 모으고 있다' 고 상상한다. 상상이 아니라 실제상황인데도 전혀 낯설지 않다. 시인은 발견하는 사람이라는 사실을 보여주는 이 상황을 시인은 '개미 곁에 앉아 커피를 마시고 있다' 고 시치미를 뗀다. 그렇다. 시인은 시 속에서 짐짓 시치미를 뗄 줄 알아야 한다. 그래야 '오순도순 한 자리에 둘러앉은/ 개미들과 커피 한 잔' 을 마실 수 있는 여유로움을 즐길 수 있는 것이다. 그 여유로움이야말로 '나도 개미가 되어 시간을 홀짝이고' 있다는, 개미와 시인이 하나의 공동체적 생명으로 존재하고 있다는, 우주적 평화를 우리에게 깨우쳐주고 있음을 본다. 이 깨우침이 있고서야 평택행 고속버스 안에서 바라본 논산평야 물 살짝 고인 논에 '다정한 백로 한 쌍/ 고운 깃털 세우고/ 두 팔 벌려 힘차게 나는 모습/ 참 평화롭다'(「차창 밖에는」)거나, 밥상에 오른 냉이무침을 통해 '아내의 손끝에서 되살아난 쌉쌀한 손맛/ 입속 가득 냉이 꽃으로 피어나고 있'(「냉이무침」)는 생명정신을 우리는 겸허하게 받아들일 수 있을 터이다. 이러한 시인의 생명정신은 시인으로 하여금 산을 오르게 한다.

두륜산 만일재에 올라서니
일행의 발길 막고 섰던
억새들이 백기를 흔든다

두륜봉의 기세를 등에 업고
가련봉을 향해 오르던
한 사람이
솟대처럼 솟은 절벽 위에 서서
가련봉과 노승봉을 가리키며
여기서 되돌아가자 한다

말들이 갈팡질팡 오가는 사이
나는 가련봉까지는 가야 한다며 앞장섰다
가련봉과 노승봉이 나의 외침을 들었는지

무서워 말고 오라 한다
멈추지 말고 오라 한다

–「가련봉까지는 가야 한다」 전문

이 시집의 표제 시이다. 이 시집에는 산행에 관한 시편이 상당 수 있다. 일림산 철쭉을 보러 가기도 하고(「꽃빛 기도」, 「산불」), 쌍계사에서 돈오문 지나 금당 백팔계단을 밟고 오르기도 하고(「한 줄기 햇살」), 추월산을 오르는가 하면(「산 오르는 이유」), 고창 청량산(「평온」, 「오잎주 한 잔」), 지리산 칠불계곡(「참선바위」), 백운산 어치계곡(「핏빛 너울꽃」), 남설악 한계령 흘림골(「여심폭포」), 그리고 문수계곡 지효산방이나 불일암 앞마당 대나무 평상에 와불처럼 눕기도 하고, 화엄사 범음료 툇마루에 앉아 초해스님이 건네주신 목련차를 마시기도 한다. 시인은 왜 이처럼 산행을 좋아할까? 「산 오르는 이유」에 의하면, 첫째, 마음 속 가득 찬 욕심을 내려놓기 위해서이고 둘째, 미움, 시기, 질투, 분노 하나하나를 한낮의 햇살 끌어와 불태우기 위해서이며 셋째, 마지막 남은 찌꺼기 하나까지 산들바람에 날려 보내기 위해서라고 밝히고 있다. 또한 「한 줄기 햇살」에 의하면, '가고 싶어도 가지 못하는 길처럼/ 이러지도 저러지도 못해/ 숨통이 막혀 답답할 때' 산을 오른다고 말하기도 한다. 이렇게 산을 오를 때 '내 깊고 어두운 마음 저편/ 총총히 돋쳐 있는 가시들을 뽑고' 오른다고 자신의 성찰의식도 내비친다. 그러고 보면 조성식 시인이 '솟대처럼 솟은 절벽 위에 서서/ 가련봉과 노승봉을 가리키며/ 여기서 되돌아가자' 고 하는 다른 일행들과 달리 한사코 '가련봉까지는 가야 한다며 앞장' 서는 이유는 분명해진다. 그것은 한 마디로 '무서워 말고' '멈추지 말고' 목적지를 향해 나아가고자 하는 삶의 의지에 다름 아니며, 그 삶 속에서 자신에 대한 성찰과 깨달음을 온몸으로 체득하기 위함이리라. 생 텍쥐페리가 자신의 소설 『우연한 여행자』에서 '우리는 서로가 '만나기' 위해서 노력해야 한다. 들판 저 멀리에서 깜박이고 있는 불빛들과 의사소통이 되도록 최선의 노력을 다 해야 하는 것이다.' 라고 말하듯 조성식 시인 역시 생 텍쥐페리와 같은 신념을 실천하고 있는지도 모른다. 이러한 신념의 실천은 곧 시 쓰기로 연결되기 때문이 아닐까. 그 증거로 시인은 다음과 같이 말한다.

> 피 흘림 없는 탄생은 하나도 없느니
> 생명은 모두 피 흘리며 태어나느니
> 탄생은 한 송이 꽃이다
>
> –「황제펭귄」 부분

> 익숙한 풍경들 속에서
> 이전 것과 같은 것은 하나도 없으리니
> 하물며 매일 만나는 사람들까지도 그러하다

모든 것들은 항상 새롭게 태어나나니

—「여행」 부분

그렇다. 태어난다는 것, 항상 새롭게 태어난다는 것을 인식하는 생명사상을 가진 시인, '장독 위 정화수 한 사발 놓고/ 두 손 비시던 어머니'(「불새」), '크고 작은 능선들을 넘어 온/ 바람에게서 어머니 향기'(「향기」)를 맡을 수 있는 시인만이 온몸으로 우주와 마주할 자격이 있을 터. 그리고 옥타비오 파스가 말했듯 '시 자체가 자신의 주인이며 혼이 깃든 자연과 시인의 영혼이 만나서 얻어지는 열매'임을 확연하게 깨닫게 될 터이다.

가련봉까지는 가야 한다

찍은날 2018년 6월 20일
펴낸날 2018년 6월 26일
지은이 조성식
펴낸이 박몽구
펴낸곳 도서출판 시와문화
주 소 (13955) 경기 안양시 동안구 경수대로883번길 33,
103동 204호(비산동 꿈에그린아파트)
전 화 (031)452-4992
E-mail poetpak@naver.com
등록번호 제2007-000005호 (2007년 2월 13일)

ISBN 978-89-94833-38-5(03810)

정 가 10,000원